Blockchain-Technologie. Vergleich verschiedener Anbieter für Unternehmen

Bibliografische Information der Deutschen Nationalbibliothek:

Die Deutsche Nationalbibliothek verzeichnet diese Publikation in der Deutschen Nationalbibliografie; detaillierte bibliografische Daten sind im Internet über http://dnb.d-nb.de abrufbar.

ISBN: 9783346852410
Dieses Buch ist auch als E-Book erhältlich.

© GRIN Publishing GmbH
Nymphenburger Straße 86
80636 München

Druck und Bindung: Books on Demand GmbH, Norderstedt Germany
Gedruckt auf säurefreiem Papier aus verantwortungsvollen Quellen

Das vorliegende Werk wurde sorgfältig erarbeitet. Dennoch übernehmen Autoren und Verlag für die Richtigkeit von Angaben, Hinweisen, Links und Ratschlägen sowie eventuelle Druckfehler keine Haftung.

Das Buch bei GRIN: https://www.grin.com/document/1347407

Inhaltsverzeichnis

1. Einleitung

1.1. Ausgangssituation

Mit der Schaffung der Bitcoin-Blockchain revolutionierte eine Person oder eine Gruppe an Personen im Jahr 2008 unter dem Pseudonym "Satoshi Nakamoto" die Art und Weise, wie Informationen und Vermögenswerte im Internet übertragen werden können (Nakamoto, 2008). Seit diesem Zeitpunkt haben sich viele weitere Blockchain-Plattformen entwickelt, wie zum Beispiel Ethereum oder auch Lisk. Diese Plattformen bieten unterschiedliche Funktionen und Funktionalitäten an, sodass es den Unternehmen und Einzelpersonen ermöglicht wird, auf Basis der Blockchain-Technologie dezentrale Anwendungen und Dienste aufzubauen. Alleine im Jahr 2021 konnten weltweite Investitionen in Blockchain-Technologien und Kryptowährungen in Höhe von 30.2 Milliarden US-Dollar verbucht werden (KPMG, 2022) und zum Stand Februar 2023 sind insgesamt 8.725 verschiedene Kryptowährungen auf dem Markt (investing.com, 2023). Zudem hat El Salvador als erstes Land die Kryptowährung Bitcoin als gesetzliches Zahlungsmittel eingeführt (Bellinghausen, 2023).

1.2. Ziel und Aufbau der Arbeit

Aufgrund des stetig voranschreitenden internationalen Wettbewerbsdrucks ist es für Unternehmen essenziell, sich zur Sicherung der künftigen Wettbewerbsfähigkeit mit den neuesten technologischen und digitalen Verbesserungsmöglichkeiten des Unternehmens auseinanderzusetzen. Deswegen wird im Rahmen dieser Arbeit auf die Blockchain-Technologie eingegangen und eine Auswahl von Anbietern vorgestellt, sodass mittels definierter Auswahlkriterien eine passende Blockchain-Lösung von dem Unternehmen gewählt werden kann.

Zu Beginn der Arbeit erfolgt eine Definition des Begriffes Blockchain, ebenso wie eine Darlegung der Unterscheidungsmöglichkeiten der Blockchain-Technologien und eine kurze Gegenüberstellung der Vor- und Nachteile. Im nächsten Punkt werden die ausgewählten Blockchain-Anbieter - Bitcoin, Lisk, Ethereum, Hyperleder, und Dash - vorgestellt und charakterisiert. Im Anschluss werden Auswahlkriterien zur Vereinfachung der Suche nach der passenden Blockchain dargestellt und das Kapitel schließt mit der Darlegung von Handlungsempfehlungen für Unternehmen.
Abschließend endet diese Arbeit mit einer kurzen Zusammenfassung und einem Fazit.

2. Blockchain

2.1. Definition

Satoshi Nakamoto bildete im Jahr 2008 den Grundstein für die Blockchain-Technologie und hatte das Ziel, das durch die Finanzkrise angeschlagene Finanzwesen zu revolutionieren und eine Alternative zu bieten, ein von Dritten unabhängiges und digitales Zahlungssystem (Nakamoto, 2008). Das war auch die Geburtsstunde des Bitcoins, eine digitale Währung, basierend auf einem kryptografisch abgesicherten und dezentralem Zahlungssystem (Meinel & Gayvoronskaya, 2020). Blockchains sind als eine Art dezentrales elektronisches Hauptbuch zu definieren, welches Informationen dauerhaft, transparent und zuverlässig speichert und den Zugriff ermöglicht, ohne die Notwendigkeit auf eine zentrale Instanz zurückgreifen zu müssen (Fill & Meier, 2020). Dies bedeutet, dass keine einzelne Einheit für die Überwachung und Verwaltung des Netzwerks verantwortlich ist und zudem werden die Transaktionen von einem Netzwerk von Knoten validiert und verarbeitet. Sobald die Transaktion in der Blockchain aufgezeichnet ist, kann diese nicht mehr geändert oder gelöscht werden, da sie vor der Registrierung von einer großen Anzahl von Knoten bestätigt werden müssen. Außerdem bleibt das Netzwerk auch dann funktionsfähig, sollten einige Knoten ausfallen, da die Blockhain-Technologie mehrere Knoten zur Speicherung nutzt (Yano et al., 2020).

Blockchain ist im Grunde mit der Verkettung spezifischer Datensätze anhand von Verschlüsselungstechnologien gleichzusetzen, welches als widerstandsfähig gegenüber Manipulationen gilt. Die einzelnen Datensätze werden verkettet und jeweils die Datensätze, als auch die Verbindungen, werden dokumentiert, sodass die gesamte Kette überprüft werden kann (Lexa, 2021).

2.2. Unterschiede der Blockchain-Technologie

Es gibt einige Unterschiede innerhalb der verschiedenen angewandten Blockchain-Technologien, sodass die vier aussagekräftigsten Faktoren im Folgenden dargestellt werden. Die spezifischen Anwendungsunterschiede werden in Kapitel 3. Blockchain Anbieter thematisiert.

- Konsensmechanismus: Hierbei handelt es sich um einen Algorithmus oder ein Protokoll mit dem Ziel, in den Blockchain-Netzwerken Vertrauen und eine Einheit zu in der Distributed-Leder-Technologie zu bilden (Nofer et al., 2017). Dies bedeutet, dass eine Einigkeit bei allen Teilnehmern herrscht, welche Transaktionen gültig sind oder eben auch nicht.

- Smart Contracts: Diese automatisierten Computerprogramme ermöglichen eine automatische Ausführung der Regeln und Vertragsbedingungen, ohne die Notwendigkeit einer menschlichen Interaktion. Zudem können Transaktionen unter Erfüllung bestimmter Bedingungen automatisch ausgelöst oder verwaltet werden (Fill & Meier, 2020). Diese Smart Contracts können in der Zukunft von vielzähligen Industrien genutzt werden, zum Beispiel im Supply-Chain-Management.

- Datenschutz: Die verschiedenen Blockchain-Technologien bieten unterschiedliche Datenschutz-Ansätze, welche hinsichtlich der Anwendung und Zielsetzung variieren können. Unterschieden werden kann zum Beispiel, ob die Anonymität gewährleistet wird, oder eine Identitätsprüfung möglich ist. Es gibt neben den öffentlichen Blockchains auch einige private Zugänge, welche lediglich für autorisierte Teilnehmer nutzbar sind. Zusätzlich gibt es verschiedene Datenschutztechniken, wie Verschlüsselungen oder auch Zufallsfunktionen (Meinel & Gayvoronskaya, 2020).

- Skalierbarkeit: Unter der Skalierbarkeit ist die Fähigkeit der Blockchain zu verstehen, mit dem wachsenden Transaktionsvolumen ohne Engpässe oder Leistungseinschränkungen umzugehen (Schoedon, 2017). Hier stehen jedoch nicht nur die Transaktionen im Fokus, sondern auch die Anzahl der Teilnehmer.

2.3. Vor- und Nachteile

Blockchains bieten zahlreiche Vorteile, wie die Dezentralität der Systeme, sodass keine zentrale Autorität zur Gewährleistung der Integrität und Sicherheit benötigt wird (Engelschall, 2019). Auch die Sicherheit steht im Fokus, indem die Transaktionen auf einer Blockchain durch Kryptografie und den Konsens der Teilnehmer geschützt wird, wodurch eine Unveränderlichkeit entsteht und die Transaktionen als sicher vor Manipulationen gelten.
Zudem zeichnen Blockchains die Transaktionen öffentlich und unveränderlich auf und somit

herrscht eine gewisse Transparenz und Nachvollziehbarkeit (Yano et al., 2020). Da bei der Blockchain-Technologie keine Einbindung von zentralen Stellen oder Vermittlern notwendig ist, können die einzelnen Transaktionen effizienter verarbeitet werden und zusätzlich ist auch keine Überleitung der persönlichen Daten an Dritte erforderlich.

Obwohl Blockchains viele Vorteile bieten, gibt es auch einige Kritikpunkte, die berücksichtigt werden müssen, wie der hohe Energieverbrauch. Je nach dem angewandten Konsensmechanismus ist für die Verarbeitung der Transaktionen eine hohe Menge an Energie notwendig (Reinhard, 2019). Außerdem kann es zu Leistungseinschränkungen kommen, da manche Blockchain-Technologien schwer zu skalieren sind.

Bei Blockchains, die Smart-Contracts anbieten, könnte es hier zu Performance Problemen kommen. Zudem sehen sich die Regulierungsbehörden der Problematik gegenübergestellt, eine Überwachung und Regulierung der Aktivitäten von Blockchains zu gewährleisten.

Es kann nicht nur für den durchschnittlichen Nutzer schwierig sein die Technologie zu verstehen, sondern auch zum einen die passende Blockchain für einen persönlich herauszufiltern, aber auch in der Flut der vorhandenen Kryptowährungen nicht auf Betrüger hereinzufallen (Barber et al., 2012). Da - je nach Anbieter - alle Transaktionen für die Öffentlichkeit sichtbar sind, kämpft die Blockchain-Technologie mit der Wahrung der Privatsphäre.

Um sicherzustellen, dass Blockchains für die jeweilige Anwendung am besten geeignet sind, ist es wichtig, ihre Vor- und Nachteile sorgfältig abzuwägen. Die Verwendung von Blockchains in Verbindung mit anderen Technologien kann oft hilfreich sein, um ihre Vorteile zu nutzen und gleichzeitig ihre Nachteile zu minimieren.

3. Blockchain Anbieter

Es gibt viele verschiedene Blockchain-Technologien, jedoch wird im Rahmen dieser Arbeit der Fokus auf die folgenden Anbieter gelegt: Bitcoin, Lisk, Etherum, Hyperledger und Dash. Die jeweiligen Icons sind im Anhang 1 zu finden.

3.1. Bitcoin

Bitcoin: Wie schon thematisiert wurde Bitcoin, als dezentrale Währung, erstmals im Jahr 2008 vorgestellt, war die erste in der Praxis eingesetzte Blockchain und ist bis heute die bekannteste Kryptowährung.

- Konsensmechanismus: Bei Bitcoin wird der Proof-of-Work-Konsensmechanismus angewandt, bei welchem im ersten Schritt mathematische Aufgaben vom Miner gelöst werden müssen, um im nächsten Schritt eine Transaktionsgruppe – oder auch Block genannt - in der Blockchain hinzuzufügen. Hinzu kommt, dass derjenige, der das Problem als erstes löst, eine Belohnung in Form von Kryptowährungen erhält (Nakamoto, 2008).

- Smart Contract-Funktionalität: Bitcoin unterstützt keine Smart-Contract-Funktionalität

- Datenschutz: Basierend auf einer dezentralen Blockchain-Technologie gilt der Bitcoin als transparent, sodass alle Transaktionen öffentlich aufgezeichnet werden und folglich die Anonymität in manchen Fällen nicht gewährleistet werden kann, es sei denn es werden zusätzliche Vorkehrungen getroffen. Dies kann mit Hilfe von Pseudonymen erfolgen.

- Skalierbarkeit: Die basierende Blockchain-Technologie hat lediglich begrenzte Kapazitäten von etwa sieben Transaktion pro Sekunde und eine durchschnittliche Bestätigungszeit von 10 Minuten, was im Vergleich zu Konkurrenzprodukten als sehr langsam gilt (crypto.com, 2023).

Die Vorteile bei Bitcoin sind die Fälschungssicherheit der Transaktionshistorie, die geringen Transaktionskosten, die Pseudonymität und die Knappheit, da Bitcoins auf insgesamt 21 Millionen Coins begrenzt sind (Nakamoto, 2008).

Die Nachteile sind die Skalierbarkeit, der hohe Energieverbrauch bei Mining-Aktivitäten, die hohe Volatilität als Risiko für Investoren, die (noch) fehlende Akzeptanz bei Händlern und Dienstleistern, sowie die oft fehlende Anonymität (Rathmann,2022).

3.2. Lisk

Unter Lisk ist eine Blockchain- Plattform zu verstehen, mit Hilfe deren Entwickler dezentralisierte Anwendungen in Kombination mit JavaScript erstellen können. Die vereinfachte Entwicklung von Blockchain-Anwendungen und deren Beschleunigungen sind das das Ziel von Lisk.

- Konsensmechanismus: Es kommt der Delegated Proof-of-Stake Konsensmechanismus zum Tragen, bei welchem die Blockproduzenten – oder auch Delegierte genannt – mittels einer Abstimmung von der Community gewählt wird (Lisk, o.D). Diese sind zukünftig für Validierung der Transaktionen verantwortlich, ebenso wie für die Produktion von Blöcken.

- Smart Contract-Funktionalität: Auf der Lisk-Plattform kommen Smart Contracts mittels Sidechains zur Verwendung (Lisk, o.D). Dies bedeutet, dass die dezentralen Anwendungen und Smart Contracts unabhängig und parallel zu der Haupt-Blockchain betrieben werden.

- Datenschutz: Lisk verwendet eine öffentliche Blockchain, das heißt dass alle Transaktionen transparent sind und öffentlich eingesehen werden können. Jedoch gibt es die Alternative private Sidechains zu erstellen, sodass die eigenen Daten geschützt werden können.

- Skalierbarkeit: Aufgrund des Delegated-Proof-of-Stake Konsensmechanismuses und der Verwendung von Sidechains, ist die Skalierbarkeit im Vergleich zu Konkurrenzprodukten positiv hervorzuheben. Durch die Anwendung dieses Konsensmechnismus können mehr Transaktionen pro Sekunde verarbeitet werden als bei zum Beispiel Bitcoin und die Sidechains führen zu einer Entlastung der Haupt-Blockchain (Lisk, o.D.).

Die Vorteile bei Lisk sind die einfache Verwendung der Plattform, ein gutes Entwickler-Ökosystem (Lisk, o.D), die Modulariät durch die Entwicklung eigener Sidechains und der Delegated Proof of Stake Konsensmechanismus.

Negativ betrachtet wird das zentrale Managementteam, eine noch unklar definierte Strategie und Sicherheitsprobleme, die das Vertrauen in die Plattform in der Vergangenheit beeinträchtigt hat (Shardeum, o.D).

3.3. Ethereum

Ethereum: Auch bei dieser Blockchain-Plattform wird es Entwicklern ermöglicht dezentralisierte Anwendungen zu realisieren. Ethereum ist für die eigene Anpassungsfähigkeit bekannt.

- Konsensmechanismus: Ebenso wie Bitcoin hatte Ethereum auf dem Proof-of-Work-Konsensmechanismus basiert, mit dem Merger auf Ethereum 2.0 im September 2022 wurde jedoch auf einen Proof-of-Stake-Konzernmechanismus umgestiegen (Krause, 2022). Darunter ist die Validierung neuer Blöcke auf Basis des gegebenen Bestandes von Kryptowährungen zu verstehen. Dies bedeutet, dass die Person, die mehr Kryptowährungen besitzt eher für die Validierung ausgewählt wird, als eine Person die weniger Kryptowährungen besitzt. Demnach werden die Personen belohnt, die mehrere Kryptowährungen halten.

- Smart Contract-Funktionalität: Ethereum stellt die Smart Contract Funktionalität zur Verfügung.

- Datenschutz: Ähnlich wie bei Lisk wird eine öffentliche Blockchain verwendet, jedoch können private Blockchains oder Sidechains aus Datenschutzgründen erstellt und genutzt werden (Ethereum, o.D.).

- Skalierbarkeit: Die Skalierbarkeit zählt zu einer großen Herausforderung bei Ethereum, da zwar eine hohe Anzahl an Transaktionen verarbeitet werden kann, jedoch eine Anfälligkeit gegenüber Netzwerküberlastungen und recht hohe Transaktionskosten bestehen. Aktuell können pro Sekunde 20 Transaktionen ausgeführt werden mit einer durchschnittlichen Bestätigungszeit von fünf Minuten (Bhalla, 2023). Dies ist einer der Gründe weshalb bei Ethereum 2.0 auf den Proof-of-Stake-Konzernmechanismus umgestiegen werden soll.

Als vorteilhaft wird die Smart Contract-Funktionalität, die aktive Community und Unterstützung durch einige Entwickler und Unternehmen, sowie das hohe Maß an Sicherheit angesehen.

Negativ betrachtet werden vor allem entstandene Fehler bei Smart-Contracts in der Vergangenheit, sodass ein Diebstahl an Krypto-Coins stattgefunden hatte (Hufenreuter, 2023). Zudem ist der Entwicklungsprozess recht komplex.

3.4. Hyperledger

Hyperledger: Unter der Blockchain-Technologie Hyperledger ist eine Open-Source Plattform zu verstehen, mittels welcher Entwicklungen von Blockchain-Lösungen für verschiedene Anwendungsfälle stattfinden.

Es ist für die Verwendung in privaten, zugelassenen Netzwerken vorgesehen und nutzt einen praktischen byzantinischen fehlertoleranten Konsensmechanismus.

- Konsensmechanismus: Hyperledger grenzt sich von den bereits dargestellten Blockchain-Technologien ab, indem nicht nur ein Konsensmechnismus genutzt wird, sondern mehrere verschiedene. Darunter fallen Proof -of-Stake, Proof-of-Work und sogar autorisierte Konsensmechanismen (Hyperledger, o.D.). Hervorzuheben ist auch, dass es dem jeweiligen Unternehmen freigestellt wird den passenden Konsensmechanismus zu den notwendigen Bedürfnissen auszuwählen.

- Smart Contract-Funktionalität: Auch bei der Smart Contract-Funktionalität herrscht eine deutlich höhere Flexibilität, da zum einen verschiedene Programmiersprachen wie Javascript oder Java verwendet werden können, aber auch zum anderen eine Anpassung an den jeweiligen Anwendungsfall möglich ist (Bharatan, 2022).

- Datenschutz: Die Datensicherheit und der Datenschutz stehen bei Hyperledger im Fokus, indem private und autorisierte Blockchains erstellt werden können. Dadurch können sensible Daten gespeichert werden und sich zeitgleich vor unbefugten Zugriffen geschützt.

- Skalierbarkeit: Die Skalierbarkeit ist abhängig von der jeweiligen Implementierung. Eine der bekanntesten Implementierungen Hyperledger Fabric ist zum Beispiel horizontal skalierbar, sodass zur Erhöhung der Transaktionsverarbeitung mehrere Knoten hinzugefügt werden können (Yuan, 2022).

Vorteile sind die hohe Flexibilität, die gute Skalierbarkeit, die Möglichkeit private Netzwerke anzulegen und die Gewährleistung eines hohen Maßes an Sicherheit (IBM, o.D.).

Als Nachteile gelten die Komplexität, was eine lange Einarbeitungszeit mit sich bringt, eine nur limitiert vorhandene Unterstützung bei zum Beispiel technischen Problemen und eine eingeschränkte Token-Unterstützung (SoluLab, 2020).

3.5. Dash

Dash: Unter Dash ist eine dezentrale Kryptowährung zu verstehen, bei der die Geschwindigkeit und der Datenschutz bei Transaktionen im Fokus steht.

- Konsensmechanismus: Dash nutzt ein Hybridmodell aufs dem Proof-of-Work Konsensmechanismus und Masterknoten, welche als spezifische Knotenpunkte im Netzwerkt zu definieren sind, die aus Sicherheitsaspekten eine festgelegte Anzahl an Dash-Tocken hinterlegen müssen (DataFlair, o.D.). Diese Masterknoten sind für die Validierung von Transaktionen und die Verwaltung des Dash-Netzwerks verantwortlich.

- Smart Contract-Funktionalität: Bei Dash ist lediglich eine begrenzte Smart Contract Funktionalität gegeben, da komplexere Smart Contracts nicht ausgeführt werden können.

- Datenschutz: Der Datenschutz hat bei Dash eine wichtige Rolle und wird mittels möglicher Funktionen wie Instand Send oder PrivateSend unterstützt (Trading Education, 2022). Bei Instand Send werden die Blöcke schneller erstellt und bestätigt, sodass eine schnellere Transaktion möglich ist und bei PrivateSend werden die Transaktionen anhand einer Kombination aus Masterknoten gemischt. Dadurch wird eine Transaktionsverfolgung vermieden und die Privatsphäre des Nutzers wird geschützt.

- Skalierbarkeit: Die Blockzeit-Target bei Dash beläuft sich auf 2.5Minuten, was zu einer schnelleren Transaktionsbestätigung beiträgt. Zudem liegt eine größere Blockgröße als bei Bitcoin vor, sodass mehr Transaktionen pro Sekunde verarbeitet werden können (Patel, 2023). Mit der Strategie Evolution will Dash den Nutzern die Erstellung dezentraler Konto- und ID-Systeme ermöglichen.

Positiv fallen die schnelle Transaktionsgeschwindigkeit, die Auswahl privater Transaktionen zur Sicherung der Privatsphäre und die geringen Transaktionskosten auf.

Negativ betrachtet werden insbesondere die begrenzte Skalierbarkeit, dass aufgrund der vorhandenen Governance-Struktur eher eine Schein-Dezentralisierung vorhanden ist und insbesondere die mangelnde Akzeptanz bzw. Verbreitung auf dem Kryptomarkt (Patel, 2023).

4. Guideline

4.1. Darstellung der Auswahlkriterien

Mittels der folgenden Auswahlkriterien kann ein Leitfaden gestaltet werden, um die passende Blockchain für den eigenen Betrieb herauszufiltern. Im Folgenden werden die Auswahlkriterien nacheinander vorgestellt:

- Welches Problem soll gelöst werden? Welche Erleichterungen bzw. Verbesserungen sollen umgesetzt werden? Dies sollte bestenfalls anhand einer Liste eruiert und dementsprechend priorisiert werden. Vorstellbar wäre zum Beispiel die Einführung einer sicheren Vermögensübertragung oder die Informationsverfolgung entlang der Lieferkette.

- Welche Blockchains kommen überhaupt in Frage? Damit ist nicht die Kompatibilität gemeint, sondern für welche Blockchains ein dementsprechendes individuelles Vertrauen vorahnden ist. Auch wenn alle technischen Auswahlkriterien passen sollten, liegt die Basis in dem entgegengebrachten Vertrauen.

- Welcher Konsensmechanismus ist am besten für den Anwendungsfall geeignet? Hierbei ist es wichtig die Faktoren Sicherheit, Energieeffizienz und Geschwindigkeit mit abzuwägen.

- Ist eine Smart Contract Unterstützung notwendig oder gewünscht? Sollte dies der Fall sein, dann würde schon die ein oder andere Blockchain nicht mehr in Frage kommen. Zudem muss abgewogen werden, ob die Leistungsstärke je nach Blockchain ausreichend wäre.

- Welche Ausprägung des Datenschutzes ist notwendig? Wie werden die Daten gesichert? Das heißt, ist ein strikter Datenschutz vorgesehen oder kann dieser Punkt auch etwas gelockert werden.

- Welches Sicherheitsniveau bietet die jeweilige Blockchain und passt dies zu den spezifischen Anforderungen? Dieser Punkt kann zum Vergleich der angewandten kryptografischen Verfahren herangezogen werden.

- Welches Transaktionsvolumen bzw. Skalierbarkeit ist vorgesehen? Sollte eine große Menge an Transaktionen ausgeführt werden, dann kann nicht jeder Blockchain-Anbieter mit der Konkurrenz mithalten.

- Welche Kosten werden bei der Nutzung der jeweiligen Blockchain-Lösung generiert werden und stehen diese im Verhältnis zu dem erhofften Mehrwert? Dies sollte langfristig kalkuliert und kritisch mit der wirklichen Verbesserung verglichen werden.

- Ist eine Kompatibilität mit Legacy-Systemen vorgesehen oder eventuell auch mit anderen Blockchains? Hier muss die Interoperabilität näher betrachtet werden.

4.2. Handlungsempfehlungen

Sobald der Bedarf festgestellt wurde, sollte mittels der vorgestellten Auswahlkriterien eine bestmögliche Blockchain-Lösung gefunden werden. Wichtig ist jedoch anzumerken, dass eine Priorisierung der jeweiligen Punkte stattfinden sollte, da nicht alle Probleme mittels einer Implementierung behoben werden können. Aber schon durch die Heilung bzw. Verbesserung weniger Punkte kann eine große Erleichterung und bestenfalls Kostenersparnis erfolgen. Deswegen steht das sorgsame Abwägen an erster Stelle.

Im Allgemeinen muss auch gewährleitstet werden, dass das geeignete Personal für die regelmäßige Bedienung der Blockchain-Technologie vorhanden ist oder alternativ müssen Bewerbungsprozesse gestartet oder Mitarbeiterschulungen eingeführt werden.

Auch die Betrachtung der Außen-Wirkung sollte nicht außer Acht gelassen werden. Angenommen das Kundenspektrum ist vor allem recht konservativ und steht der Blockchain-Technologie eher negativ gegenüber, dann kann es im schlimmsten Fall zu einem hohen Kundenverlust kommen. Dies würde voraussetzen, dass die Kunden – je nach Einsatz der Blockchain-Lösung – darüber freiwillig oder unfreiwillig, durch die Medien, darüber informiert werden und somit würde dem Betrieb eine Kostenersparnis mittels der Lösungseinführung eventuell nicht mehr den erhofften Mehrwert bringen.

Nachdem die in Punkt 4.1. aufgeführten Punkte ausführlich erarbeitet wurden und sich entweder ein oder eine geringe Anzahl an Favoriten herauskristallisiert hat, muss noch ein Integrationstest erfolgen, d.h. kann die Blockchain-Technologie in die aktuell vorhandenen Systeme reibungslos integriert werden. Oder wären Anpassungen sinnvoll bzw. notwendig?

Datenaustausch und Transaktionen einfacher werden. Zudem könnte die Problematik der Skalierbarkeit mit neuen Strategien wie Sharding – die Unterteilung der Blockchain in kleinere und unabhängig Teile - oder Sidechains – unabhängige Blockchains, welche parallel zu der Haupt-Blockchain laufen und integriert werden können - behoben werden.

Auch die Datensicherheit könnte durch neue Methoden wie Zero-Knowledge-Proofs – kryptographisches Beweisverfahren - verbessert werden und die Überwachungsschwierigkeiten der Regulierungsbehörden könnten durch sogenannte regulatorische Sandboxen behoben werden. Allgemein ist zu sagen, dass die Blockchain-Technologie für viele Branchen in der Zukunft von Vorteil sein kann und selbst neue Anwendungsgebiete schaffen könnte.

Es wird deutlich, dass die Blockchain-Technologie noch am Anfang steht und viele Chancen sowie Herausforderungen birgt. In den kommenden Jahren werden technologische Entwicklungen die Art und Weise beeinflussen, wie wir Geschäfte machen, Daten speichern und Werte übertragen.

Anhang

Anmerkung der Redaktion: Dieser Anhang musste aus urheberrechtlichen Gründen entfernt werden.

Anhang 1: Logos Kryptochain-Anbieter

Literaturverzeichnis

A Deep Dive Into Blockchain Scalability (o.D.) Crypto.com, Zugriff am 28. Februar 2023, von https://crypto.com/university/blockchain-scalability

Barber, Boyen, Shi, Uzun (2012) Bitter to better - how to make bitcoin a better currency.

Bellinghausen (2023). Bitcoin in El Salvador: Der Diktator hat sich verzockt. In Zeit Online.

Bhalla (2023) Top Cryptocurrencies With Their High Transaction Speeds, Zugriff am 28. Februar 2023, von https://www.blockchain-council.org/cryptocurrency/top-cryptocurrencies-with-their-high-transaction-speeds/

Bharathan (2022, 04.Februar) Smart Contract Generators, Zugriff am 28. Februar 2023, von https://wiki.hyperledger.org/display/CP/Smart+Contract+Generators

DASH Cryptocurrency | DASH vs Bitcoin in Blockchainhttps (o.D.) Data-flair-training, Zugriff am 28. Februar 2023, von://data-flair.training/blogs/dash-cryptocurrency/

Engelschall (2019) Blockchain - Suchen wir nur das Problem zur Lösung?. In: Informatik Spektrum 42

Fill & Meier (2019). Blockchain - Grundlagen, Anwendungsszenarien und Nutzungspotenziale Yano, Dai, Masuda & Kishimoto (2020). Blockchain and Crypto Currency -Building a High Quality Marketplace for Crypto Data

Hufenreuter (2023, 20.Januar) Was ist Ethereum? Definition, Funktionsweise und Vorteile, Zugriff am 28. Februar 2023, von https://blog.hubspot.de/marketing/was-ist-ethereum

IBM (o.D.) Was ist Hyperledger Fabric?, Zugriff am 28. Februar 2023, von https://www.ibm.com/de-de/topics/hyperledger

Investing.com. (2023). Anzahl verfügbarer Kryptowährungen weltweit in ausgewählten Monaten von Juni 2013 bis Februar 2023 [Graph]. In Statista. Zugriff am 15. Februar 2023, von https://de.statista.com/statistik/daten/studie/1018542/umfrage/anzahl-unterschiedlicher-kryptowaehrungen/

KPMG. (2022). Volumen der weltweiten Investitionen in Blockchain-Technologien und Kryptowährungen von 2018 bis 2021 (in Milliarden US-Dollar) [Graph]. In Statista. Zugriff am

15. Februar 2023, von https://de.statista.com/statistik/daten/studie/1198230/umfrage/weltweite-investitionen-in-blockchain-technologien-und-kryptowaehrungen/?locale=de

Krause (2022, 21. November) Ethereum 2.0 – Alles was Anleger wissen müssen, Zugriff am 28. Februar 2023, von https://blockchainwelt.de/ethereum-2-0/

Kuhrt (2022, 09.Februar) Performance and Scale Working Group, Zugriff am 28. Februar 2023, von https://wiki.hyperledger.org/display/PSWG

Lexa (2021) Fit für die digitale Zukunft - Trends der digitalen Revolution und welche Kompetenzen Sie dafür brauchen

Meinel & Gayvoronskaya (2020). Blockchain - Hype oder Innovation

Nakamoto (2008). Bitcoin: A Peer-to-Peer Electronic Cash System

Nofer, Gomber Hinz & Schiereck (2017) Blockchain. Business & Information Systems Engineering: Vol. 59

Patel (2023) An introduction to Dash, In: Trade Finance Global

Rathmann (2022, 28. Juli) Was sind Vorteile und Nachteile vom Bitcoin? – Eine Analyse der wichtigsten Kryptowährung, Zugriff am 28. Februar 2023, von https://cryptoticker.io/de/vorteile-und-nachteile-bitcoin/

Reinhard (2019) Zehn Jahre Blockchain – Bitcoin, Crypto Kitties und die digitale Blockchain-ID – Eine Reise

Schoedon (2017, Dezember) The Ethereum-Blockchain Size Will Not Exceed 1TB Anytime soon. Zugriff am 28. Februar 2023, von https://bit.ly/2PPaDUz

Shardeum Content Team (2022, 23.September) What is Lisk? (LSK) – A Brief Guidebook, Zugriff am 28. Februar 2023, von https://shardeum.org/blog/what-is-lisk/

Solulab (2020, 29.Januar) Hyperledger Fabric On Blockchain technology: What are the Advantages and Disadvantages? In: GoBeyond.AI: E-commerce Magazine

Trading Education Team (2022, 06.Dezember) Pros and cons of investing in Dash, Zugriff am 28. Februar 2023, von https://trading-education.com/pros-and-cons-of-investing-in-dash#h_252175912601620805890350